Geschichten für kleine Tierfreunde

von Saro de la Iglesia
mit Illustrationen von Sally Cutting
aus dem Italienischen von Edith Jentner

Pestalozzi-Verlag, Erlangen

Ein Hund als Freund

Eine Überraschung

Was ist großartiger, als am Morgen aufzuwachen und ein Geschenk neben dem Bett zu finden? Und was ist wunderbarer, als zu entdecken, daß das Geschenk ein Hund ist? Das hat Mark heute erlebt. Noch bevor er die Augen öffnet, weiß der Junge, daß etwas vor sich geht. Vielleicht, weil er schon im Traum ein leises Winseln gehört hat. Oder vielleicht wegen der hastigen Schritte im Haus. Mark ahnte also, daß es beim Aufwachen eine Überraschung geben wird. Aber er konnte sich nicht vorstellen, daß es ein so lebhaftes Geschenk sein würde.

Ich rufe ihn Tim!

Mark umarmt den Hund sogleich. Als erstes beschließt er, ihm einen kurzen und schönen Namen zu geben, den sich der Hund schnell merken kann.

„Tim!“ sagt Mark laut, um zu hören, wie der Name klingt. Der Hund stellt die Ohren, wedelt mit dem Schwanz und läuft dann zum Papierkorb.

Schnüffelnd lernt Tim jede Ecke im Haus kennen.

Tims Futter

Mark weiß schon vieles über Tim. Er weiß, daß er hinter Katzen her ist, daß er die Vögel anbellt und daß er mit den Gardinen spielt – mal abwarten, was Mama dazu sagen wird! Er weiß auch, daß sein junger Hund lauwarme Milch liebt. Was Mark aber nicht weiß, ist, daß manche Hunde kein Obst und kein Gemüse mögen.

Eine schwierige Freundschaft …

Heute trifft Tim zum erstenmal Pit, den Hauskater. Pit sträubt das Fell und macht einen Buckel – er wittert Gefahr. Tim, der jeder Katze hinterherrennt, ist im Begriff, es auch diesmal zu tun … aber Pits Haltung schüchtert ihn ein.

Kurze Zeit blicken sich die beiden nicht gerade freundschaftlich an, ohne sich einander zu nähern. Dann zieht Tim es vor, sich zu entfernen, und Pit sucht seinen Lieblingsplatz auf – Großmutters Sessel mit den weichen Kissen.

… aber keine unmögliche

Tim läßt nicht locker und nähert sich dem Kater Schritt für Schritt, den Schwanz erhoben als Zeichen der Freundschaft. Bei Pit angekommen, beginnt ihn Tim zu beschnuppern. Er erkennt sogleich, daß der Kater genauso riecht wie alles, was ihn umgibt. Pit läßt ihn heran, ohne sich zu bewegen, und Tim wedelt mit dem Schwanz. Und so beginnt eine lange Freundschaft.

Spiele im Freien

Heute haben Tim und Mark am Weiher ein Wildentennest entdeckt. Zwei große grauweiße Eier sind darin.
Tim will sich gleich daraufstürzen, aber Mark ruft ihn mit strenger Stimme zurück. So hat Tim ein für allemal gelernt, daß er Eier in einem Nest niemals anrühren soll. Laut bellend nimmt der Hund die Verfolgung der Ente auf, die bringt sich aber in Sicherheit. Als der Vogel am Himmel verschwindet, macht sich Tim wieder daran, in der Gegend herumzuschnüffeln.

Jagdgefährten

Unbeweglich und aufmerksam steht Pit vor dem Gebüsch: Er hat etwas entdeckt …
„Wohin rennst du, Tim?“ ruft Mark. Aber Tim kümmert sich nicht um ihn, er läuft ebenfalls zum Gebüsch. Was wohl darin ist?
Plötzlich rascheln die Blätter, ein Vogel fliegt auf und verschwindet ihren Blicken. Der Kater macht einen Satz, Tim bellt. Dann kehren beide dem Gebüsch den Rücken und streifen erneut durch die Gegend.

Auf Jagd

Kaninchen mögen es nicht, von Hunden gejagt zu werden. Darum verstecken sie sich in ihrem Bau und bleiben so lange darin, bis der Hund wieder weg ist. Sie wissen aber nicht, daß Tim kein Jagdhund ist, und daß er sie nur im Spiel verfolgt. Ihm macht es, wie jedem Hund, einfach Spaß, hinter allem herzulaufen, was sich bewegt.

Besuch beim Tierarzt

Tim hat die ganze Nacht gejammert, gewinselt und ist sich mit der Pfote über das eine Ohr gefahren. Als Mark ihn in die Arme nehmen wollte, hat er sich hingelegt.
Man muß mit dem Hund zum Tierarzt.

Tim geht nicht gern hin. Erst als der Arzt ihn untersucht, beruhigt er sich, als ob er wüßte, daß dieser nur sein Bestes will.

Vier Hundekinder

Heute nimmt Mark seinen Tim mit, um ihn mit Kati bekanntzumachen. Die Hündin hat erst vor kurzem Junge bekommen. Darum ist ihr der Besuch nicht willkommen. Zuerst knurrt sie Tim an, denn sie macht sich um ihre vier Jungen Sorgen. Als Kati erkennt, daß die Besucher nicht gefährlich sind, beruhigt sie sich und wendet sich wieder ihren Kleinen zu.

Tims Knochen

Tim liebt Knochen. Er knabbert daran, wendet sie zwischen den Pfoten oder spielt einfach damit. Er scharrt Löcher in den Boden und vergräbt sie. Später sucht er sie wieder. Manchmal hat Tim vergessen, wo er seine Knochen vergraben hat, und so ist der ganze Garten für ihn voller verborgener „Schätze".

Eine Nacht außer Haus

Tim ist davongelaufen. Jemand hat das Gartentor offengelassen. Oder hat Tim es vielleicht selbst aufgemacht? Mark fragt bei allen Nachbarn nach, aber niemand hat seinen Hund gesehen.

Er ist sicherlich bis zum Weiher mit den Enten gelaufen. Es wird Nacht. Mark verläßt seinen Platz am Fenster, er geht unglücklich zu Bett.

Tim kehrt zurück

Nach Tims Äußerem zu urteilen, muß es eine Nacht voller Abenteuer gewesen sein. Er ist schmutzig und außer Atem. Mit hängenden Ohren und reuevollem Blick hört sich Tim die Strafpredigt an. Er weiß, daß er sie verdient hat, und er weiß ebenfalls, daß ihm alle verzeihen, weil sie froh sind, ihn wiederzusehen.

An der Leine

„Ruhig, Tim!“ sagt Mark, als der Hund an der Leine zieht, statt an seiner Seite zu gehen.
„Sehr gut! Du bist ein braves Hündchen!“ lobt Mark und streichelt Tim, wenn er seinem Befehl gehorcht.

Großvater sagt, Hunde müssen lernen, an der Leine zu gehen und auf Befehle zu gehorchen. Und doch, es wäre so lustig zuzusehen, wie Tim hinter der Katze her ist, die ihm gerade über den Weg läuft. Aber der Großvater weiß so vieles über Hunde, und Mark hat beschlossen, Tim folgendes beizubringen: Er soll sich nicht um alles kümmern, was ihm begegnet.

Ein Freund, der wartet

Ein Haushund ist wie ein Freund, der nie zornig wird, der uns jedesmal herzlich begrüßt, wenn wir nach Hause kommen, und der sich streicheln läßt, wenn man selber traurig ist. Er ist ein Freund, der sich die Geheimnisse anhört, die man ihm zuflüstert.

„Weißt du, Tim, heute ist es mir in der Schule schlecht ergangen ...“, flüstert Mark Tim ins Ohr. Der Hund sitzt geduldig da, den Kopf dem Jungen zugeneigt. Nach kurzer Zeit hat Mark seinen Kummer vergessen ... und geht mit Tim spielen.

Aufstehen, Schlafmütze!

Die Ruhe im Haus zeigt, daß heute Sonntag ist. Gewöhnlich laufen Tim und Mark sonntags nach dem Frühstück auf die Wiese. Tim erscheint an Marks Bett, aber der Junge will noch ein wenig schlafen. Er brummt, er dreht sich auf die andere Seite – aber zugleich weiß er, daß das wenig nützt: Tim wird keine Ruhe mehr geben. „Schon gut, Tim, wir gehen spazieren." Wenn Mark die Haustür öffnet, rennt Tim bis zum Tor, dreht sich dort um, um sich zu überzeugen, daß Mark ihm folgt, und bellt freudig.

Begegnung unter Hunden

Sooft Tim einem anderen Hund begegnet, beginnt eine seltsame Zeremonie. Denn Tim mag sich nicht mit ihm anlegen, er sucht vielmehr neben seinem zweibeinigen Freund noch einen anderen. Die beiden Hunde nähern sich langsam, stellen sich Seite an Seite auf, beschnuppern sich mit erhobenem Schwanz, bis einer von ihnen den Schwanz senkt und vorsichtig zu wedeln beginnt: Es ist das Zeichen, daß er nur spielen will. In diesem Augenblick senkt auch der andere den Schwanz. Bald darauf rennt der erste los, der neue Freund folgt ihm. Sie bellen, balgen sich, ohne sich wehzutun. Schon sind sie gute Freunde!

Runter vom Sofa!

Tim weiß recht wohl, daß er es nicht tun darf, aber es ist so schön, sich aufs weiche Sofa zu kuscheln! Niemand beobachtet ihn. Er schleicht vorsichtig näher und springt – hopp! – mit einem Satz aufs Sofa. Aber der Platz gehört ihm nicht lange. Bald vertreibt ihn ein Schrei: „Nein, Tim! Sofort runter!"

Bravo, Tim!

„Sei brav, Tim! Sitz und warte!" Mark spricht in strengem Ton, damit der Hund merkt, daß es ein Befehl ist. Mark muß in einen Laden und möchte, daß Tim ruhig auf dem Gehsteig auf ihn wartet. Der Großvater hat ihm erklärt, wie er es zu machen hat, und nun gehorcht der Hund. „Bravo, Tim! Du bist wirklich brav!" lobt Mark mit sanfter Stimme, als er aus dem Laden herauskommt. Und zur Belohnung gibt er Tim einen Hundekeks.

Tim und das Gewitter

Tim fürchtet sich vor dem Gewitter. Wenn es zu donnern beginnt, winselt er, läßt die Ohren hängen und zieht den Schwanz ein. Weil der arme Hund solche Angst hat, umarmt ihn Mark und bleibt bei ihm, bis das Gewitter vorbei ist.

Verfolgungsjagd

Tim rennt wie verrückt hinter Pit her. Keiner der beiden achtet darauf, wohin er tritt.
Die Katze aus dem Nachbarhaus, die mit dem getigerten Fell, die jedesmal faucht, wenn sich jemand ihrem Garten nähert, diese Katze ist herüber in den Garten gesprungen.
Bei der Verfolgungsjagd wirft der Hund einen Blumentopf um, der zu Bruch geht.

Badezeit

Mark kommt mit Seife und Bürste. „Du bist ganz schmutzig, Tim!“ sagt er. „Komm schnell her, und zier dich nicht!“

Der Hund kommt aus seinem Versteck hervor. Er läßt sich einseifen und abwaschen. Aber kaum ist das getan, schüttelt Tim das Wasser aus dem Fell, daß alles um ihn herum naß wird.

Die Vogelscheuche

„Wau, wau, wau!“ bellt Tim. Was hat er denn? Er bellt die Vogelscheuche an, weil er meint, es sei ein Feind. Bellend umkreist er die Puppe mit dem Strohhut.
„Wau, wau … wau!“ bellt Tim weiter, aber es klingt nicht mehr so überzeugt. Der „Feind“ steht unbeweglich da, ohne einen Laut von sich zu geben. Schließlich wird es Tim zu dumm, er rennt lieber den Vögeln hinterher.

Begegnung

Als Mark einmal mit Tim über die Wiesen ging, trafen sie auf eine Schafherde. Tim wollte sofort hinter den Schafen herlaufen. Aber er war noch gar nicht bei ihnen angelangt, als der Hütehund auf ihn zustürzte.
Beim Anblick des Schäferhundes mit gesträubtem Fell und erhobenem Schwanz, beruhigt sich Tim sofort und senkt seinen Schwanz zum Zeichen der Unterwerfung. Er will nicht raufen, sondern spielen. Der Schäferhund willigt ein, und kurze Zeit läuft er neben ihm her.

Ballspiel

Tim ist heute traurig. Wie sollte er wissen, daß der Ball, der durch den Garten rollt, nicht für ihn ist? Schon oft hat Mark einen Ball geworfen, damit Tim ihn ihm wieder bringt.

„Geh weg, Tim! Geh weg!“ schreit Mark. „Der Ball ist nicht für dich!“ Die Stimme klingt so streng, daß Tim gleich versteht: Er darf heute beim lustigen Ballspiel nicht mitmachen. Tim zieht den Schwanz ein und geht in seine Ecke.

Als das Ballspiel aus ist, beginnt Tim mit dem Schwanz zu wedeln. Er weiß, daß Mark ihn trösten kommt.

Der Wächter

Tim kann schon das Haus hüten. Wenn alle weg sind, setzt er sich als Wächter vors Torgitter. Nähern sich Unbekannte, spitzt er die Ohren. Manchmal bellt er aufgeregt. Wenn Freunde kommen, springt Tim auf und wedelt mit dem Schwanz, bereit, am Ankömmling hochzuspringen, um gestreichelt zu werden.

Ein naschhafter Hund

Wer hatte die Idee, auf dem Tisch einen Teller mit Feingebäck stehenzulassen? Tim nähert sich mit listiger Miene, stützt die Vorderpfoten auf den Tisch und frißt den Teller leer. Dann versteckt er sich unter der Treppe.
Bald schreit die Mutter: „Tim, was hast du gemacht?“
Tim kommt aus seinem Versteck und stöhnt. Doch diesmal winselt er nicht nur vor Angst, sondern auch, weil er Bauchschmerzen hat.

Eine gute Abhilfe

Nach Mutters Schelte schleicht Tim in den Garten, duckt sich ins Gras und beginnt zu schnuppern. Er reißt ein grünes Büschel aus und frißt es. Bald ist er die Bauchschmerzen los.
Aber die Lust auf Süßigkeiten ist ihm wahrscheinlich für längere Zeit vergangen.

Spiele zwischen Freunden

Wenn Tim mit Mark spielen möchte, kommt er mit einem Stöckchen oder einem Steinchen im Maul zu seinem Herrchen und legt es ihm vor die Füße. Wenn Mark das nicht beachtet, zerrt Tim an seinem Hosenbein oder bellt anhaltend, als wollte er sagen: „Auf! Spiel mit mir!"

Tim wird nicht müde, den Stock immer wieder zu suchen, mit den Zähnen zu packen und vor Mark zu legen. Meist ist es sein Herrchen, der müde wird und aufhören möchte.

Was ist passiert?

„Mark, Tim, kommt sofort her!" ruft der Vater. Tim rennt als erster los, den Schwanz zwischen den Beinen. Als er bei den Schmutzspuren ankommt, setzt er sich darauf, als wollte er sie verdecken.

„Vati, daran ist nur der Regen schuld ..." sagt Mark.

Gute Nacht!

Mark klappt das Buch zu, in dem er gelesen hat, löscht das Licht und streckt die Hand nach Tim aus, der vor dem Bett liegt. Er krault ihn am Kopf und flüstert: „Gute Nacht, Tim, bis morgen!"

Tim schließt die Augen und schläft ein. Von Zeit zu Zeit bewegt er die Beine im Schlaf und winselt. Vielleicht träumt er, mit Mark über die Wiese zu laufen, um Schmetterlinge zu jagen.

Unterricht bei Mutter Fuchs

Nacht im Wald

Die Sonne steht schon tief. Den ganzen Tag war der Wald von lebhaftem Vogelgezwitscher erfüllt, jetzt hat sich Stille über die Bäume gesenkt. Die Nachttiere kommen aus ihren Verstecken hervor: Sie tun es leise, vorsichtig und lauschen auf jedes Geräusch. Auch Mutter Fuchs steckt den Kopf aus dem Bau. Sie muß auf Jagd und darf keinerlei Risiko eingehen. Im Bau sind ihre vier Füchslein.

Schau, ein Igel!

Die Luft ist erfüllt vom Duft der Blumen und der reifen Walderdbeeren. Mutter Fuchs wittert keinerlei Gefahr und verläßt den Bau.

Sie muß sich beeilen, sie kann nicht lange fernbleiben. Denn die Füchslein können sich noch nicht allein schützen und warten ungeduldig auf sie.

Schau, ein Igel, gleich in der Nähe! Er versucht nicht erst wegzulaufen, denn er weiß, daß die Füchsin schneller ist. Und wenn sich der Feind nähern sollte, rollt er sich zum Schutz einfach zusammen. Vorsicht dann vor der stachligen Kugel!

Die Feldmaus

Die Feldmaus verläßt ihre Wohnung. Bevor sie sich aufmacht, um reife Beeren zu suchen, bleibt sie stehen und lauscht. Sie ist sehr ängstlich! Alles scheint ruhig, und sie entschließt sich, ihr Versteck zu verlassen. Auch wenn Mutter Fuchs weit entfernt ist, hört sie ihre Schritte und nimmt die Verfolgung auf. Aber die kleine Maus flüchtet unter die Büsche … und verschwindet!

Mutter Fuchs auf Fischfang

Manchmal kommt die Füchsin während ihrer Streifzüge durch den Wald an einen Teich. Sie schwimmt, planscht und bleibt plötzlich unbeweglich stehen. Wartet sie auf etwas? Die Füchsin ist nicht im Wasser, um sich zu waschen oder um zu spielen. Geduldig wie ein Fischer wartet sie, bis ein Fisch oder eine Ente in Sicht ist. Sie zu fangen ist nicht leicht. Die Fische schwimmen gut und entkommen, und auch die Enten sind schnell.

Der Marder

Abend für Abend verläßt der Marder seinen Bau und zieht allein durch den Wald. Er hat die gleichen Gewohnheiten wie der Fuchs: Beiden schmecken saftige Früchte, süße Beeren, Eier … Beide schlafen meist tagsüber in ihrem Bau. Und beide haben je vier Junge mit weichem Fell.

Vier Füchslein

Wenn Mutter Fuchs zum Bau zurückkehrt, kläfft sie sanft, um den Jungen ihr Kommen anzumelden. Dann stürmen die Füchslein gemeinsam aus dem Bau. Sie wollen spielen. Füchslein laufen gern, wälzen sich gern im weichen Gras, laufen hintereinander her. Mutter Fuchs beobachtet sie.

Die ersten Abenteuer

Ein Schmetterling fliegt knapp über der Nase eines der Füchslein. Wie schön seine Farben sind! Der kleine Fuchs rennt hinter ihm her ... und entfernt sich schnell vom Bau. Plötzlich ist er an einem unbekannten Ort. Oh, was für Angst er hat! Und dort oben, da fliegt ein Adler.

Eine Geschichte, die gut endet

Mutter Fuchs rennt herbei, packt das Kleine am Genick und bringt es zurück in den Bau. Jetzt sind wieder alle beisammen. Das Abenteuer ist gut ausgegangen!

Unterricht bei Mutter Fuchs

Die Füchslein lernen eine Maus jagen. Mutter Fuchs ist eine gute Lehrerin. Durch kleine Bisse bringt sie den Kleinen bei, was sie nicht tun dürfen. Und wenn sie sich gut benehmen, leckt sie sie zärtlich. So bereiten sich die Füchslein auf die schwierige Zeit vor, wenn sie sich von der Mutter trennen müssen. Jagen zu lernen macht ihnen genausoviel Spaß wie das Spielen!

Oh, ein Frosch!

„Quak, quak!" tönt es aus den Farnkräutern. Das Füchslein bleibt erschrocken stehen, hebt den Kopf und sieht sich ängstlich um. Wer schreit so sonderbar? Es hört solche Laute zum erstenmal. Gewiß, es ist auch das erstemal, daß es sich ganz allein in den Wald gewagt hat.
„Quak, quak!" hört das Füchslein von neuem. Zitternd vor Angst flüchtet es in Richtung Fuchsbau. Was für ein Angsthase! Von einem Frosch hat es doch nichts zu befürchten. Der hat im feuchten Gras nach Schnecken gesucht und einfach zur Warnung laut gequakt, als er ein Geräusch hörte. Dann ist er davongehüpft.

Ein schöner Trick

Mutter Fuchs hört ein verdächtiges Geräusch und wittert auch, daß es sich um keinen Freund handelt.
Mit einem spitzen Schrei, der einem Bellen gleicht, fordert sie ihre Jungen auf, sich im Bau in Sicherheit zu bringen und ruhig zu bleiben. Dann rennt sie bellend los. Sie beschreibt einen weiten Kreis und lenkt so den Verfolger immer weiter weg vom Bau mit den Jungen. Erst wenn Mutter Fuchs den Feind abgeschüttelt hat, kehrt sie zum Bau zurück. Sie kläfft ganz leise, als wollte sie den Füchslein sagen: „Ich bin wieder zurück. Die Gefahr ist vorbei, ihr könnt ruhig schlafen.“

Verspielte Füchslein

Eines der Füchslein versucht im Spiel, den eigenen Schwanz zu fassen. Glaubt es vielleicht, das sei eine Maus? Oder hat es nur Lust zu spielen? Wenn es Herbst wird, werden die jungen Füchse alles Nötige gelernt haben, um allein zurechtzukommen. Dann wird Mutter Fuchs sie mit der Schnauze aus dem Bau stoßen, als wollte sie sagen: „Ihr seid jetzt groß, geht!“

Im Kornfeld

Aber jetzt im Sommer streift Mutter Fuchs mit ihnen noch durch die Felder. Das Korn ist überall reif. Die Füchslein gehen hinter der Mutter her und ahmen alles nach: Sie bleiben stehen, wenn sie es tut, und sie laufen, wenn sie läuft. Ahnen sie wohl, daß das die letzten Streifzüge sind, die sie gemeinsam unternehmen?

Auf Wohnungssuche

Die Füchsin wählt ihre Wohnung sehr sorgfältig aus: zwischen Baumwurzeln, in einer Grotte oder zwischen Felsen. Manchmal mietet sie sich im Bau eines Dachses ein. Darüber ist dieser Einzelgänger nicht sehr erfreut.

Dachs und Füchsin

Der Dachs verträgt keine Unordnung. Er mag keine Essensreste um sich und vergräbt sogar seine Exkremente. Den Boden bedeckt er mit Farnblättern und wechselt sie oft aus. Die Füchsin hilft ihm beim Saubermachen überhaupt nicht, da sie weniger ordnungsliebend ist. So ist das Zusammenleben mit ihr nicht leicht.

Regentage

Wenn es Herbst wird, regnet es häufiger. Dennoch zieht sich die Füchsin nicht in ihren Bau zurück. Die Jungen jagen im Wald. Manchmal treffen sie sich, danach geht jedes seinen eigenen Weg. Bei anhaltendem Regen stellt sich die Füchsin unter Sträuchern oder in einer Felsgrotte unter.

Eine stachlige Kugel

Der Igel hat sich zusammengerollt. Gewiß hat er eine Gefahr gewittert. Ist es das Rotkehlchen, das in nächster Nähe am Boden pickt? Oder das Eichhörnchen, das nach Nüssen sucht? Nein, was ihm angst macht, sind die leisen Schritte, die fast geräuschlos näherkommen!
Es ist die Füchsin, die auf Nahrungssuche durch den Wald streift.

Entferne dich!

Die Füchsin schnüffelt an einem Baum, macht einfach kehrt und geht davon. Warum wohl? Ein anderer Fuchs war vor ihr hier und hat seine Duftmarke gesetzt. Das ist eine Art Warnung, die besagt: „Das ist mein Gebiet! Verschwinde!“
Der Wald ist groß, und die Füchsin wird sich ein anderes Gebiet suchen, das sie dann mit ihrem Duft markiert.

Nächtliche Geräusche

„Huuu, huuu!“ schreit die Eule und blickt mit großen Augen umher. In ihren Schlupflöchern hören die Mäuse im Schlaf diesen Schrei und rennen entsetzt in alle Richtungen auseinander. Die Ärmsten! Sie wissen nicht, daß die Eule genau das beabsichtigt hat: Jetzt beginnt sie sie zu jagen.

Ein Nickerchen an der Sonne

Nach der nächtlichen Jagd ist die Füchsin müde. Sie ist so erschöpft, daß sie auf der Stelle einschläft. Ein Nickerchen in der Morgensonne tut gut. Kaninchen und ein Hase laufen nahe an ihr vorbei. Der Dachs kehrt in den Bau zurück. Schmetterlinge sonnen sich in nächster Nähe, bevor sie weiterfliegen. Die Füchsin kümmert das nicht, so müde ist sie.

Gefahr in Sicht

„Tapp, tapp, tapp!“ trommelt ein Kaninchen. Aus der Ferne klopft ein anderes zurück: „Tapp, tapp, tapp!“ Bald ist die ganze Wiese in Aufregung.
Wenn ein Kaninchen Gefahr wittert, hämmert es mit den Hinterfüßen auf den Boden. Dann laufen die Kaninchen auf ihre Baue zu und verschwinden durch die vielen Eingänge. Die Füchsin findet die Wiese leer …

Wer ist da vorbeigegangen?

Die Füchsin! Beim Gehen senken Füchse den Schwanz und streifen fast den Boden. Nur wenn sie laufen, heben sie ihn hoch.
Ebenso halten sie den Schwanz erhoben und sträuben auch noch die Haare, wenn sie einem anderen Fuchs begegnen. Der Schwächere von beiden senkt ihn zuerst. So geht er einem Streit aus dem Weg.

Regenzeit

Es regnet. Die Füchsin sucht unter Sträuchern Schutz. Die Schmetterlinge falten die Flügel und verstecken sich unter Blättern. Die Vögel suchen in den Zweigen Zuflucht.
Das Eichhörnchen hat seinen Schirm dabei – es hält den Schwanz über den Kopf.

Das Eichhörnchen

Das Eichhörnchen sucht Nüsse und versteckt sie. Das sind seine Wintervorräte. Aber manchmal ist das Versteck so gut gewählt, daß selbst das Eichhörnchen seine Vorräte nicht mehr findet. So kommt es, daß verscharrte Nüsse, Kastanien oder Eicheln im Boden keimen und zu Bäumen werden.

Die Füchsin und die Früchte

Wenn im Herbst die Früchte reifen, schleicht die Füchsin bis zu den Gärten. Unbeweglich bleibt sie stehen und wartet. Bleibt alles ruhig, dann stürzt sie hinein, verschlingt einige Früchte und verschwindet wieder. Falls alles gutgegangen ist, kommt die Füchsin erneut aus ihrem Versteck und versucht ihr Glück ein zweites Mal.

Der erste Schnee

Nach dem ersten Schneefall wird es im Wald still und ruhig. Die Tiere, die Winterschlaf halten, haben sich bereits in ihre Höhlen zurückgezogen. Der Siebenschläfer, der verschlafenste von allen, ist als erster verschwunden. Dachs und Igel sind ihm gefolgt. Die Zugvögel sind schon lange in wärmere Länder gezogen. Die Eichhörnchen schließen noch die letzten Vorbereitungen ab.

Schnee und Frost

Ein Hase, der auf Nahrungssuche über das verschneite Feld läuft, ist leicht zu entdecken. Dennoch hat die Füchsin beim Jagen oft Pech. Dann bleibt ihr nichts anderes übrig, als Baumrinde zu nagen.
Schnee und Kälte können der Füchsin nichts anhaben. Sie kann selbst im Freien an einer geschützten Stelle schlafen.

Im Hühnerhof

Im Winter bricht die Füchsin nachts manchmal in einen Hühnerhof ein …
Alles geschieht blitzschnell: Der Hahn kräht entsetzt, die Hühner rennen durcheinander, und die Hunde bellen. Federn fallen zu Boden, der Schatten der Diebin verschwindet wieder.

Der Trick des Hasen

Der Hase ist sehr schnell. Das muß er auch sein, um einer Gefahr zu entkommen. Denn auf der Wiese, wo er lebt, gibt es nicht viele Möglichkeiten, sich zu verstecken.
Aber manchmal ist der Feind so nahe, daß zum Davonlaufen keine Zeit mehr ist. Dann duckt sich der Hase auf den Boden und bleibt wie ein Stein liegen, bis die Gefahr vorüber ist.

Leere Nester

Die Füchsin hat ein Nest entdeckt und läuft darauf zu. Vielleicht erinnert sie sich noch, daß im Frühling Eier darin lagen.
Aber jetzt ist das Nest leer. Bereits vor Monaten sind Vöglein geschlüpft. Sie sind inzwischen herangewachsen und in warme Länder gezogen.

Im Fuchsbau

Wenn es immer kälter wird und nicht aufhört zu schneien, sucht die Füchsin ihren warmen Bau auf. Darin verbringt sie den Tag. Erst am Abend verläßt sie ihn, um Beeren zu kauen oder um einen Hasen oder ein Kaninchen zu jagen.

Im Winter ist es tagsüber eiskalt. Was sollte die Füchsin da anderes tun, als in ihrem warmen Bau zu schlafen?

Ein Uhu in der Nacht

Lieder zur guten Nacht

Für den Uhu ist es noch nicht Zeit, auf Jagd zu gehen. Er liebt die Ruhe, das Dunkel, die Stille des Waldes. Jetzt folgt er verärgert dem Gesang der Vögel, die sich für die Nachtruhe vorbereiten. Er kann die Vögel nicht leiden, dafür hat er seine Gründe. Er haßt sie. Mit seinem guten Gehör vernimmt der Uhu ein leises Flüstern: „Zeit zum Schlafengehen! Gute Nacht!“

Es wird Nacht

Die letzten warmen Strahlen der Frühlingssonne tauchen den Wald in ein rosa Licht. Der Uhu macht die Augen auf, sieht prüfend um sich und schließt sie wieder. Er will warten, bis es Nacht wird, und bleibt sitzen.

Was für eine Ruhe!

Die Tiere, die den Wald tagsüber beleben, schlafen schon. Alles ist ruhig. Der Uhu lauscht. Raschelt etwas auf dem Boden? Ist es ein Igel, der vorbeitrippelt? Oder ein Nachtfalter?
Der Uhu stellt die Federohren auf, beugt seinen Kopf vor, späht ins Dunkle und lauscht angestrengt.

Der Flug

Inzwischen ist es dunkel geworden. Der Uhu ist hungrig. Er breitet die großen Schwingen aus und fliegt geräuschlos in die Nacht. Mit etwas Glück wird er bald eine Maus in den scharfen Klauen halten.

Ein gemietetes Nest

Die Uhus bauen sich meist kein Nest, sie besetzen einfach ein verlassenes Krähennest. Es genügt, wenn das Nest den geschlüpften Vöglein Sicherheit bietet, höhere Ansprüche stellen sie keine. Das Weibchen legt fünf weiße Eier und brütet sie aus. Inzwischen jagt das Männchen auch für sie.

Die Jungvögel

Nach fünf Wochen sind die Jungen endlich geschlüpft! Sie sehen wie fünf Bällchen aus weicher Wolle aus. Abwechselnd bringen Vater und Mutter Uhu den hungrigen Kleinen das Futter und stopfen es in die weit aufgerissenen Schnäbel.

Eine kleine Maus

Wenn die Vögel das dumpfe „Buhuh" des Uhus hören, flüchten sie in ihre Nester.
Eine kleine Maus erschrickt und nimmt Reißaus …
Sie saust unter die Sträucher und rutscht schnell durch den Gang in ihr Nest.

Auf Froschjagd

Das Quaken der Frösche erregt die Aufmerksamkeit des Uhus. Gewiß, Frösche schmecken nicht so gut wie Mäuse, wenn man aber fünf kleine Mäuler zu stopfen hat, ist man mit allem zufrieden. Als der Uhu lautlos über den Teich gleitet, hört er verdächtige Flügelschläge …
Wer kann das sein?

Ein weiterer Jäger

Es ist eine Schleiereule auf Froschjagd. Ihr leiser Flügelschlag hat den Uhu beunruhigt. Sie fliegt auf den Teich hinab. Entsetzt springen die Frösche ins Wasser. Der Eisvogel beeilt sich, seine Jungen zu beschützen.
Unserem Uhu bleibt nichts anderes übrig, als auf einem Zweig zu warten, bis es erneut ruhig wird.

Wieder Ruhe

Nachdem die Gefahr vorbei ist, kommen die Frösche aus dem Wasser und setzen sich auf Blätter, die auf dem Teich schwimmen.

Auch sie jagen. Um Insekten zu fangen, machen sie weite Sprünge. Sie wissen nicht, daß sie von dem Uhu beobachtet werden.

Einige Wochen später

Die jungen Uhus lernen fliegen. Einer nach dem anderen verläßt das Nest. Indem sie Vater Uhu folgen, lernen sie jagen. Nur einer zieht es vor, noch im schützenden Nest zu bleiben.

Wenn die Sonne aufgeht und es im Wald heller wird, kehrt die Uhufamilie ins Nest zurück.

Morgensonne

Der junge Uhu, der im Nest geblieben ist, freut sich, als Vater und Geschwister zurückkehren. Die Sonne scheint bereits, und ein Nachtfalter sucht genau in ihrem Baum Zuflucht.
Da fliegt der junge Uhu auf und vertreibt den Falter. Auch er ist schon erwachsen und kann fliegen!

Nest, ade!

Die jungen Uhus sind flügge und verlassen das Nest. Jeder wird seinen Weg gehen und eine Familie gründen. Wer weiß, vielleicht wird einer eines Tages in dieses Nest zurückkehren und hier seine eigenen Jungen aufziehen.

Im Tannenwald

Das Uhu-Männchen ist in den Tannenwald zurückgekehrt und trifft hier alte Bekannte. Er macht es sich auf einem Ast bequem.

Bald hört er den Specht eifrig klopfen. Wie alle Eulen wendet er gelenkig den Kopf und blickt mit starren Augen in die Runde.

Ein lauter Nachbar

Der Uhu schließt die Augen, um zu schlafen. Plötzlich wird er von einem knisternden Geräusch wach. Er wendet lautlos den Kopf und entdeckt einen Vogel, der die Samen aus einem Tannenzapfen herauspickt.
Der Uhu stürzt sich nicht auf den Störenfried. Er macht die Augen einfach wieder zu und döst weiter. Es ist noch lange nicht Nacht.

Die Spitzmaus

Sieh nur, eine Spitzmaus verläßt ihren Bau! Auch sie scheut wie der Uhu das Tageslicht und jagt nachts.

Die Spitzmaus ist flink und sehr gefräßig. Wenn sie nach Nahrung sucht, scheut sie es nicht, ins Wasser zu springen oder in den Bau anderer Tiere einzudringen.

Vorsicht, ein Uhu!

Mit ihrer trompetenförmigen Schnauze wühlt die Spitzmaus im Boden nach Würmern.
Der Uhu hat sie längst entdeckt, denn er hat ein sehr feines Gehör. Plötzlich breitet er die Flügel aus und fällt wie ein Blitz über die arme Spitzmaus her …

Wo wohnt der Uhu?

Es ist leicht herauszufinden, wo sich der Uhu versteckt hält. Man muß nur den Boden beobachten.

Am Fuße seines Baumes liegen nämlich die Reste seiner Mahlzeit, das „Gewölle“. Wie alle Eulen schlingt der Uhu die Beute hinunter und speit später Knochen, Federn und Fellstücke als festen Klumpen wieder aus.

Verspätung

Der Tag bricht an, Vogelgezwitscher belebt den Wald. Was macht der Uhu fern von seinem Schlupfwinkel? Wartet er auf jemanden? Etwa auf den Siebenschläfer? Der schläft tief und fest. Was macht der Uhu also?

Auf der Flucht

Der Uhu hat sich verspätet. Der Tag hat ihn überrascht, und jetzt hofft er, unentdeckt zu bleiben.

Aber da irrt er sich. Die Vögel des Waldes haben ihn entdeckt und Alarm geschlagen. In Scharen fallen sie schreiend über ihn her, um ihn zu vertreiben. Armer Uhu!

Die Schleiereule

Die Schleiereule war vorsichtiger als der Uhu. Sie sitzt schon seit Stunden wieder in ihrem Schlupfwinkel, im Turm einer alten Burg.

Sie hält die Augen geschlossen. Die Mäuse, die überall herumhuschen, und das Vogelgezwitscher stören sie nicht, sie will jetzt nichts als schlafen.

Die laute Nachbarin

Die Schleiereule ist eingeschlafen, aber plötzlich wird sie durch einen lauten Gesang geweckt. Eine Kohlmeise hat ihr Nest in einer Mauerritze desselben Turmes. Sie wäre eine angenehme Nachbarin, wenn sie nicht so laut singen würde.

Was ist wieder los?

Die arme Schleiereule kann nicht ruhig schlafen. Wieder wird sie geweckt. Diesmal durch den Zaunkönig.
Auf dem Baum vor dem Turm hat der Zaunkönig eine Spinne gefangen. Nachdem er sie verschlungen hat, ist er zufrieden und fängt an zu singen.

Armer Uhu!

Während die Blaumeise einen Schmetterling verfolgt, entdeckt sie den Schlupfwinkel des Uhus auf der Tanne. Sofort schlägt sie Alarm. Die Vögel kommen in Scharen. Schreiend necken sie den Uhu und stören seine Ruhe.

Ein Trick des Uhus

Wieso fliegen die Waldvögel auf einmal entsetzt davon? Weil der Uhu einen Trick angewandt hat, damit sie ihn endlich in Ruhe lassen. Er hat sich aufgeplustert, mit den Flügeln geklatscht und mit dem Schnabel geknackt. Davor sind sie erschrocken.

Tarnfärbung

Der Ziegenmelker ist der einzige Vogel, der nicht davongeflogen ist. Er braucht sich selbst vor den scharfen Augen eines Uhus nicht zu fürchten. Er ist nämlich durch die Färbung seiner Federn sehr gut getarnt.

Vollmond

Der Vollmond erhellt den Wald, und seine Strahlen spiegeln sich im Teich. Die Frösche quaken zufrieden über soviel Licht.

Auch der Igel kommt aus seinem Versteck und läßt sich die Pilze schmecken.

Das Bad des Uhus

Der Uhu gleitet geräuschlos über den Teich, und die Frösche fliehen. Dabei will er gar nicht jagen. Es ist eines der seltenen Schauspiele, da er im Teich trinkt und badet.

Herbstwind

Im Herbst ändert der Wald sein Aussehen. Der Wind reißt die letzten gelben Blätter von den Bäumen. Ein Rotkehlchen singt, um seine Gegenwart anzuzeigen und sein Revier zu markieren. Ein anderes antwortet von fern. Nach dem Abflug der Zugvögel fühlen sich die Rotkehlchen ein bißchen als die Herren des Waldes.

Im Winter

Tannen und Kiefern verlieren die Nadeln nicht. Vielleicht sucht sich der Uhu darum im Nadelwald einen Schlupfwinkel für den Winter. Bald wird es schneien. Er hat seinen festen Wohnsitz bereits bezogen. In den Winternächten wird sich sein unheimlicher Schrei mit dem Heulen des Windes vereinen.

Das Eselchen vom Bauernhof

Der Hahnenschrei

Der Hahn hat dreimal gekräht. Langsam füllt sich der Bauernhof mit Leben. Als erste werden die Hennen wach. Sie gackern laut, sobald sie ein Ei gelegt haben. Dann setzt das Blöken der Schafe ein, sie können es kaum erwarten, daß sie auf die Weide geführt werden.

Auch die Kühe sind wach geworden. Sie muhen und wollen gemolken werden. Um den Chor von Stimmen zu vervollständigen, iaht Berta aus Leibeskräften. Der Bauernhof ist erwacht!

Eine Eselin namens Berta

Wenn der kleine Thomas Berta schreien hört, weiß er, daß es Zeit ist zum Aufstehen. Der Großvater wird sicherlich schon im Stall sein und die Kühe melken. Durch die Gardine fällt ein Sonnenstrahl ins Zimmer.

Es ist doch so gemütlich im warmen Federbett! Aber als Thomas dann die Schritte der Eselin auf dem Kies hört, steht er auf.

Zwei gute Freunde

Thomas und Berta sind gute Freunde. „Zu gute!“ meint der Großvater, wenn der Enkel alles liegen läßt, um bei der Eselin zu sein. Thomas liebt ihr weiches Fell und beobachtet belustigt, wie sie beim leisesten Geräusch die Ohren aufrichtet. Thomas macht es Spaß zuzusehen, wenn die Eselin läuft und die Hühner aufscheucht. Ebenso, wenn sie mit dem Schwanz um sich schlägt, um die lästigen Insekten zu vertreiben.

Berta hat ihren Spaß

Berta ist geduldig, aber sie ist, wie alle Esel übrigens, manchmal übermütig und stellt einiges an. Eines Tages ist sie in den Hühnerhof eingedrungen und hat die Hühner aufgescheucht.
Das war ein Durcheinander! Thomas brauchte einen ganzen Vormittag, bis er die Hühner wieder im Hof beisammen hatte. Tags darauf hat Berta einen Korb voller Eier umgeworfen.

Die Heuernte

Thomas geht gern mit Berta und dem Großvater auf die Wiesen, um Heu zu machen. Berta kennt den Weg und muß nicht geführt werden. Sie weiß auch, wann sie Platz machen muß, um eine Kuh vorbeigehen zu lassen, oder wann sie traben soll. In der Abenddämmerung, auf dem Heimweg weiß sie, daß sie sich nicht damit aufhalten soll, Disteln zu fressen …

Ein besonderer Tag

Berta wird bald Mutter. Thomas und der Großvater warten seit einem Jahr auf dieses Ereignis. Schon seit Tagen arbeitet Berta nicht mehr und bleibt brav im Stall. „Wie geht's dir, Berta?" fragt Thomas ungeduldig. „Sie ist ruhiger als du!" antwortet der Großvater.

Das Junge ist da!

Das Eselchen ist nachts im Beisein von Großvater auf die Welt gekommen. Berta leckt das Kleine mit der Zunge, um es zärtlich und warm auf der Welt willkommen zu heißen.

Die ersten Schritte

Kaum auf der Welt, versucht sich das Junge aufzurichten. Zitternd gelingt es ihm nach einiger Anstrengung, sich auf den dünnen langen Beinen aufzurichten. Es nähert sich langsam seiner Mutter und sucht nach der guten, warmen Milch. Als es müde ist, legt es sich wieder hin und schläft sofort ein. Das wird in den nächsten Tagen sein Leben sein: Milch trinken und schlafen.

Ein erschrockenes Eselchen

Mit ersten zögernden Schritten erreicht das Eselchen die offene Tür. Es atmet die frische Luft ein, die nach Gras und feuchter Erde riecht.

Thomas beobachtet das Kleine, während eine Taube angeflogen kommt. Der Vogel landet sanft im Stroh und beginnt zu picken.
„Hab keine Angst, ... Alex!“ Thomas ist zufrieden, weil er fürs Eselchen einen so schönen Namen ausgesucht hat.

Der kleine Alex

Wie alle Tierkinder ist auch Alex neugierig. Mit aufgestellten Ohren und lebhaften Augen sieht er umher.
Was es für einen neugeborenen Esel alles zu entdecken gibt! Wenn etwas seine Neugier weckt, nähert sich Alex dem geheimnisvollen Gegenstand, geht um ihn herum und schnuppert daran. Dann geht er mit sicheren Schritten neuen Entdeckungen entgegen!

Unterwegs mit Thomas

„Komm, Alex!“ ruft Thomas. „Heute zeige ich dir den Bauernhof!“ Das Eselchen folgt ihm und schlägt mit dem Schwanz hin und her, wie es seine Mutter tut. Alex kennt seinen Namen und kommt sofort, wenn man ihn ruft. Mit neugierigen, wachen Augen entdeckt er den Bauernhof …

Das ist die Ziege!

„Schau, Alex, das ist eine Ziege mit ihrem Zicklein“, erklärt Thomas. „Das Kleine ist eine Woche vor dir auf die Welt gekommen. Aber es ist ein Schelm und rauft mit den anderen Zicklein. Es frißt noch kein Gras, sondern trinkt wie du bei seiner Mutter Milch.“ Sie nähern sich den beiden, und schon rennt das Zicklein mit gesenktem Kopf auf sie zu.

Ich stelle dir Familie Ente vor!

„Ich will dich auch mit anderen Freunden vom Hof bekannt machen“, sagt Thomas. Und das Eselchen schlägt mit dem Schwanz und trottet folgsam hinter ihm her. „Das ist Mutter Ente mit ihren Küken. Sind sie nicht entzückend? Sie sind erst vor einigen Tagen aus dem Ei geschlüpft, aber sie können schon schwimmen!“

Ein einsames Kaninchen

„Was machst du denn hier?“ fragt Thomas ein Kaninchen, das im Garten herumspaziert. „Warum bist du nicht im Stall? Wenn Großvater dich entdeckt ...“
Aber das Kaninchen läßt sich nicht stören. Es hebt den Kopf und schnuppert mit zitterndem Näschen. Der Salat, an dem es knabbert, interessiert es mehr als ein Junge mit seinem Eselchen. „Ja, wo ist jetzt Alex?“ staunt Thomas, als er entdeckt, daß das Eselchen fort ist.

Das Maultierjunge

„Ah, da bist du endlich!“ ruft Thomas, als er Alex auf der Wiese sieht. Das Eselchen beobachtet voller Interesse einen kleinen Maulesel, der bei seiner Mutter weidet.

„Gefällt er dir?“ fragt Thomas. „Er ähnelt dir sehr, ist aber etwas größer. Während deine Eltern Esel sind, ist er der Sohn einer Pferdestute und eines Esels.“

Die beiden Tierkinder nähern sich vorsichtig und beschnuppern sich. Schnell haben sie Freundschaft geschlossen!

Berta ist folgsam …

Berta ist die beste Begleitung für einen Spazierritt. Wenn Thomas aufsteigt, weiß die Eselin, daß sie nur spazieren wollen, und geht langsam.
Auch sie mag das frische Lüftchen, das die Blätter rascheln läßt.
Thomas und Berta nähern sich dem Pappelwäldchen. Es soll ein langer, schöner Ausflug werden.
Berta ist klug und folgsam: Wenn Thomas „Geh!“ sagt, macht sie sich auf den Weg; wenn der Junge „Halt!“ ruft, bleibt sie stehen.

… und starrköpfig

„Hab keine Angst, Berta, es ist nur ein Bach“, sagt Thomas. Aber Berta bleibt stehen und will nicht weitergehen. Sie erinnert sich noch genau an die Schwierigkeiten, die es gab, als sie mit dem Großvater durch den Bach gehen sollte. „Schon gut, du Dickkopf“, sagt Thomas. „Gehen wir über die Brücke.“

Platz für Berta!

Wenn Berta verärgert ist, legt sie die Ohren an, hebt den Kopf hoch und iaht.
Genau wie sie es jetzt wegen eines anderen Esels tut, der ihr in den Weg kommt.
Berta stürzt dem Eindringling entgegen, und der sucht sofort das Weite.

Unter den Apfelbäumen

Wenn es für Berta auf dem Bauernhof keine Arbeit gibt, geht sie auf die Weide, um frisches Gras zu fressen. Unter den Apfelbäumen ist es besonders saftig.
Alex ist bei seiner Mutter, folgt ihr auf dem Fuß und ahmt alles nach, was sie macht. Schon seit sechs Monaten frißt das Eselchen Gras, denn es hat bereits kräftige Zähne.
Aber Alex ermüdet schnell. Dann legt er sich an der Sonne ins weiche Gras und schläft ein.

Stachlige Disteln

Berta mag frisches Gras, Heu und vor allem Saubohnen. Aber ihr Lieblingsfutter sind Disteln, die am Wegrand wachsen.

Und wenn sich Berta gut aufführt, schenkt ihr Thomas immer eine schöne Möhre aus dem Gemüsegarten.

Im Morgengrauen

Thomas steht an diesem Morgen sehr früh auf. Der Hahn hat noch gar nicht gekräht, aber er wartet schon ungeduldig darauf, sich auf den Weg zu machen.
Die Großmutter hat das Frühstück vorbereitet. Thomas ißt Butterbrot mit Konfitüre, trinkt seine Milch und läuft zu Berta.

Traubenlese

Ja, heute ist ein besonderer Tag: Thomas darf mit zur Traubenlese. Der Junge liebt es, zwischen den reifen Trauben zu stehen. Er hat einen wichtigen Auftrag zu erledigen: der Großmutter einen Korb Weintrauben zu bringen.

Im Weingarten

Oben auf dem Hügel hält Thomas. Auf Bertas Rücken sitzend, schaut er den Leuten bei der Arbeit zu. Sie schneiden die Trauben ab und sammeln sie in den Körben, die auf den Rücken der Esel hängen.

Auf dem Nachhauseweg

Berta und Thomas kehren nach Hause zurück. Während Berta die vollen Körbe zum Hof schleppte, hat der Junge gelernt, wie man Trauben abschneidet. Auf halbem Weg löscht Berta am Bach ihren Durst, dann bleibt sie stehen, stellt die Ohren auf und wittert.

„Was ist los, Berta? Willst du nicht bald deinen Alex sehen?“ fragt Thomas beunruhigt.

Das Gewitter

Hör mal, warum Berta unruhig ist! Obwohl der Himmel noch blau ist, fühlt sie das Gewitter nahen. Berta läuft im Galopp, während Thomas versucht, sich so gut es geht, vor dem Regen zu schützen. Auf dem Hof werden sie von Alex erwartet, der am ganzen Körper zittert.

Im Stall

Wenn es tagsüber kalt ist und das Gras naß, bleibt Berta im Stall. Esel leben vorwiegend in südlichen Ländern. Sie lieben weder Kälte noch Nässe.
Obwohl Bertas Fell im Winter dichter und wärmer ist, friert sie leicht. Sie mag lieber die schönen und warmen Sommertage.

Spiele mit der Mutter

Junge Esel sind lebhaft und verspielt. Kommen mehrere zusammen, laufen sie hintereinander her. Wenn Alex mit seiner Mutter im Stall ist, nähert er sich ihr und sieht sie an, als wollte er sagen: „Komm, spielen wir ein wenig!“ Alex packt ein Stöckchen mit den Zähnen, schüttelt den Kopf und fordert seine Mutter auf, ihn zu fangen. So vergeht Bertas Tag mit kleinen Spielchen, die ihrem Jungen viel Spaß machen.

Der erste Schnee

Es hat geschneit, und eine weiße Decke liegt auf den Feldern.

Es ist das erstemal, daß Alex Schnee sieht. Zuerst weigert er sich, den Stall zu verlassen. Dann macht er einige Schritte durch den Schnee und entdeckt, daß es Spaß macht, über den weichen Schnee zu laufen.

Zu zweit im Schnee

Thomas verliert keine Zeit, schon ist er hinter Alex her. Der Schnee ist ein Ereignis, das gefeiert werden muß. Bald tollen sie zu zweit im Schnee. Schließlich sind Thomas und Alex beide jung und verspielt!
Für sie bedeutet der Schnee nicht den Beginn des langen Winters, sondern er ist ein Grund zur Freude über ein so weißes Geschenk.

Alles schläft

Es ist Winter. Die Hühner haben sich in den Hühnerstall zurückgezogen; im Hasenstall ist es ruhig geworden; die Kühe liegen eine neben der anderen im Heu; Berta und Alex verlassen den Stall nicht mehr.
„Alle schlafen“, denkt Thomas.

Das Feld der Kaninchen

Der Kaninchenbau

Wer erscheint mal hier, mal dort im Gebüsch, wer springt über einen Graben oder steckt den Kopf aus seinem Bau? Es ist ein Kaninchen mit einem hübschen runden Kopf, langen Ohren und Stummelschwanz. Willst du es näher kennenlernen?
Es lebt in einem offenen Gelände ohne Bäume, um beim Laufen keine Hindernisse im Weg zu haben. Der Boden muß weich sein, um darin einen Bau mit vielen Ausgängen und einer Nestkammer anlegen zu können.

Viele Gänge

Das Kaninchen flieht vor einem Wiesel oder einer Wildkatze. Um seine Verfolger abzuschütteln, läuft es im Zickzack und verschwindet wie der Blitz durch einen der Eingänge in seinen Bau. Es rutscht durch mehrere Gänge und ruht sich endlich in seiner Nestkammer aus. Wenn Gefahr droht, verschwinden plötzlich alle Kaninchen von der Wiese. Dann herrscht in den Gängen ein lebhaftes Kommen und Gehen.

Abenddämmerung

Ruhe senkt sich über Wiesen und Felder. Es ist die Zeit, in der die Nachttiere in Wald und Wiese ihr Versteck verlassen. Auch unser Kaninchen streckt vorsichtig seinen Kopf aus dem Bau. Eine Meise sitzt davor. Es schnuppert und lauscht. Feldmäuse huschen durch das Gras, Insekten schwärmen aus.

Ein scheuer Freund

Eine Feldmaus hört die Schritte des Kaninchens und lugt aus ihrem Versteck.
Sie hat einen kleinen Kopf mit runden Ohren und lebhaften schwarzen Augen. Die Feldmaus schnuppert und beruhigt sich sofort, denn das Kaninchen stellt keine Gefahr dar. Sie leben friedlich nebeneinander. Beide ernähren sich von Früchten und Beeren. Davon gibt es auf der Wiese zur Zeit noch genügend. Der kalte Winter, wenn die Nahrung knapp wird, ist noch weit.

Ein gefährlicher Feind

Die Feldmaus verschwindet wieder in ihrem Bau. Hat sie der Vogel erschreckt? Nein, er hat sie vor einem Feind gewarnt. Ein Mauswiesel liegt auf Lauer! Es ist nicht groß, aber sehr gefährlich, weil es flink und grausam ist. Auch das Kaninchen ergreift die Flucht.

Im hohen Gras

Im hohen Gras können Kaninchen nicht sehen, was rundherum geschieht, und die Geräusche auf der Wiese auch nicht gut hören. Darum setzen sie sich auf die Hinterbeine, richten den Körper auf, strecken den Hals und beobachten aufmerksam ihre Umgebung. Unser Kaninchen macht Männchen und schaut über das Gras hinweg. Es atmet den Duft der Wiesenblumen ein und hört das Summen der Bienen und das helle Zirpen der Grillen im Gras.

Vorsicht, Gefahr!

Wenn eines der Kaninchen Gefahr wittert, trommelt es mit den Hinterbeinen auf den Boden, um die Gefährten zu warnen. Für einen kurzen Augenblick erscheinen viele Köpfe über dem Gras und verschwinden sofort wieder. Die Kaninchen rennen los, um in ihrem Bau oder zwischen Steinen und Sträuchern Schutz zu suchen.

Auf Nahrungssuche

Saftige Gräser, Früchte, Wurzeln, junge Rinde und Ähren – damit stillt das Kaninchen seinen Hunger. Außerdem braucht es etwas Hartes zum Nagen, damit sich die ständig weiterwachsenden Schneidezähne abnutzen. Würden sie zu lang werden, bekäme das Kaninchen beim Fressen ernste Probleme.

Der Feldhase

Auch der Feldhase hämmert bei Gefahr auf den Boden und rennt schnell wie der Wind davon. Auch er ist ein Nachttier. Nicht selten kann man ihn im frühen Morgengrauen auf den Feldern sehen. Der Hase hat längere Ohren als das Kaninchen. Ihm entgeht nicht das leiseste Geräusch, und schon schnellt er los.
Aber der Hase lebt nicht so gesellig wie ein Kaninchen und gräbt sich auch keinen Bau. Er schläft in einer Bodenmulde im Freien. Seine langen, kräftigen Beine braucht er, um schnell über weite Strecken laufen zu können, ohne zu ermüden.

Immer sauber

Kaninchen putzen sich gern. Wenn eines sich nicht mehr wäscht, muß es alt oder krank sein. Sitzend feuchtet das Kaninchen die Pfoten an und fährt sich damit über Kopf und Körper. Frisch gewaschen und „gekämmt" ähnelt es einem Plüschtier.

Mutter Kaninchen

Wenn die Zeit der Geburt naht, gräbt Mutter Kaninchen eine Brutröhre und polstert sie mit trockenem Gras und eigener Bauchwolle aus. Die Neugeborenen – zwischen fünf und zehn an der Zahl – sind blind, nackt und unfähig zu laufen. Aber sie wachsen sehr schnell und sind in etwa acht Monaten erwachsen.

Bei der Arbeit

Wenn die kleinen Kaninchen hungrig sind oder erschrecken, fiepen sie so leise, daß nur ihre Mutter es hört. Sie werden drei bis vier Wochen lang nachts gesäugt.

Tagsüber sind die Jungkaninchen allein im Nest. Bevor Mutter Kaninchen sie verläßt, um in der Nähe zu schlafen, verstopft sie den Eingang mit Erde.

Gefahr für die Jungkaninchen

Wenn eine Wildkatze nach Nahrung sucht, kann es vorkommen, daß sie das Versteck der jungen Kaninchen entdeckt und sie auffrißt.
Im Winter ist es für die Jungkaninchen am gefährlichsten. Wenn der Boden hart gefroren ist, kann Mutter Kaninchen den Eingang zum Bau nicht zustopfen. Dann können die Jungen erfrieren oder von Feinden entdeckt werden. Nicht immer kann Mutter Kaninchen ihre Kinder schützen.

Verspielte Tierkinder

Die Kaninchen sind drei Wochen alt und haben ein graubraunes weiches Fell.
Sie können bereits den Bau verlassen und sich selbst ernähren. Wenn sie müde sind, ruhen sie sich im Nest aus. Dann kommen sie wieder heraus, laufen herum und spielen.

Andere kleine Nager

Vom Frühling bis in den Spätsommer tummeln sich in Feld und Wiese viele kleine Kaninchen, die erst lernen müssen, in der Welt zurechtzukommen. Mit dem eiförmigen Köpfchen, den langen Ohren und dem zitternden Näschen sehen sie putzig aus. Die junge Feldmaus aus dem Getreidefeld verläßt ihr Blätternest und klettert den Halm hoch bis zur Ähre, um Körner zu fressen. Sie ist so leicht, daß der Halm unter ihrem Gewicht nicht umknickt.

Lebhafte Häschen

Hasen kommen mit einem weichen erdfarbenen Fell auf die Welt und sehen darum größer aus als Kaninchen. Sie haben die Augen bereits offen und können gleich laufen.
Um sich zu wärmen, kuscheln sich die Häschen eng aneinander, denn sie leben in keiner schützenden Bruthöhle. Die Häsin hat nur eine etwas größere Mulde in den Boden gescharrt und säugt die Jungen etwa eine Woche lang.

Anpassung

Wenn sich ein Rabe, eine Eule oder ein Sperber im Flug nähert, duckt sich der Hase fest auf den Boden und bleibt unbeweglich liegen. Er ist nicht zu erkennen, denn sein gelblichgraues, schwarz gesprenkeltes Fell hebt sich kaum von der Erdfarbe ab. Und wenn ihn ein Feind doch entdeckt? Dann schnellt er hoch und rennt, um sich in Sicherheit zu bringen.

Das schlaue Hermelin

Manchmal nützt es dem Hasen nicht, daß er so schnell laufen kann. Das Hermelin überlistet ihn einfach. Es umkreist ihn in immer enger werdenden Kreisen. Der Hase weiß nicht, in welche Richtung er davonlaufen soll und bleibt auf der Stelle stehen. Wenn das Hermelin nahe genug ist, wirft es sich mit einem letzten Satz auf den Hasen.

Rabe und Kaninchen

Raben fürchten sich vor niemandem, nicht einmal vor dem Adler. Sie überfallen manchmal sogar seinen Horst, um die Eier zu rauben. Wie können sich kleine Kaninchen vor einem so gefräßigen Feind retten? Indem sie Mutter Kaninchen zu Hilfe rufen. Sie hilft ihren Jungen, indem sie die Aufmerksamkeit des Raben auf sich zieht. Er läßt die jungen Kaninchen laufen und verfolgt die größere Beute.

Bei Vollmond

Eins, zwei, drei, vier, fünf, sechs ... Kaninchen hoppeln auf die Wiese und erschrecken die Insekten, die nachts durchs Gras fliegen.

Die Kaninchen versammeln sich auf der Wiese am Waldrand, die vom Vollmond erhellt wird. Wie berauscht springen und laufen sie, verfolgen sich und spielen, genau wie andere Jungtiere.

Im Nest

Die Maus ist vom Laufen müde und sucht sich einen Platz zum Ausruhen, denn bis zu ihrem Bau ist es noch weit. Sie kann gut klettern und steigt bis in die Spitze eines Baumes. Sieh da, ein leeres Nest! Die Maus macht es sich bequem, streicht sich das Fell glatt und ... schläft ein.

Das alte, weise Kaninchen

Wer mitten im Feld wohnt, kennt sich dort gut aus. Das alte Kaninchen-Männchen kennt sogar seine Geheimnisse und weiß, wo der beste Boden ist, um Gänge und Baue anzulegen; wo das saftigste Gras wächst; wie man vor dem Fuchs flieht, der im Gebüsch lauert, und wie man vor dem suchenden Blick der Raubvögel sicher ist. Der Alte ist das Leittier, und die Kaninchen gehorchen ihm.

Der Hase ruht

Der Hase gräbt sich keinen Bau, er lebt das ganze Jahr im offenen Gelände. Aus Vorsicht nähert er sich nie geradewegs seinem Lager, sondern läuft weiter, kehrt wieder um, macht einen Sprung seitwärts und duckt sich dann in die Mulde. Die Vorderbeine sind ausgestreckt, der Kopf ruht mit angelegten Ohren. Die Hinterbeine sind unter dem Leib zusammengedrückt. So ist nur der Rücken sichtbar.

Vorsicht, ein Iltis!

Manchmal naht die Gefahr tagsüber, wenn die Kaninchen in ihrem Bau schlafen.

Der hungrige Iltis schnuppert am Boden. Auf der Suche nach etwas Eßbarem findet er schließlich einen Eingang zum Kaninchenbau. Das bedeutet höchste Gefahr. Ein Kaninchen schlägt Alarm. Im Nu huschen die Kaninchen durch die Gänge und suchen einen freien Ausgang. Wenn eines diesen aber nicht finden kann?

Gefährliche Flucht

Die Flucht gelingt nicht jedesmal. Manchmal entkommt das Kaninchen einem Feind und stößt dann auf einen anderen. Im Morgengrauen hört das Kaninchen Hunde bellen, Menschen rufen und Schritte, die näher kommen. Es weiß schon, daß auf diese Geräusche Schüsse folgen können. Das Kaninchen hat sich zu nahe ans bebaute Feld gewagt, ringsherum sind Zäune. Ein Büschel aus seinem Fell, das am Stacheldraht hängengeblieben ist, erzählt von seiner plötzlichen Flucht.

Ein harter Winter

Es ist Winter. Viele Tiere haben sich zum Schlafen in ihre Höhlen zurückgezogen. Andere sind in warme Länder gezogen. Wieder andere sind in Wald und Feld geblieben. Für diese beginnt eine schwere Zeit. Der Fuchs, der im Sommer reichlich Früchte und Beeren gefunden hat, ist jetzt ein listiger und gefährlicher Räuber. Ein Glück für die Kaninchen, daß der Fuchs nicht so schnell ist wie sie und daß er im Laufen die Richtung nicht ändern kann. Das verwirrt ihn und macht ihn wütend.

Die Baumrinde

Bei Schnee oder Regen ist es für das Kaninchen nicht leicht, Nahrung zu finden. Die Bäume haben keine Früchte mehr und die meisten auch keine Blätter. Weil es jetzt nichts Besseres gibt, nagen die Kaninchen die Rinde junger Bäume ab und richten so großen Schaden an. Auch auf den Äckern werden sie nicht gern gesehen.

Eine Schlafmütze

Wenn jemand den Namen Schlafmütze verdient, dann ist es der Siebenschläfer! Bei Einbruch der ersten Kälte zieht er sich in sein Nest zurück. Er rollt sich zusammen und schläft bis zum Frühling. Manchmal überkommt ihn das Schlafbedürfnis früh, noch bevor er sich ein Lager gebaut hat. Dann zögert er nicht, sich zum Schlafen in ein verlassenes Vogelnest zu legen.

Stimmen der Nacht

Durch die Stille der Nacht dringt ein heiseres Kreischen – als würde man jemanden auffordern, Ruhe zu halten. Eine Maus verschwindet sofort in ihr Nest. Das Kaninchen lauscht angespannt, bereit zur Flucht. Es war die Stimme der Schleiereule, auch Schleierkauz genannt. Von ihrem Standort aus beobachtet sie trotz der Dunkelheit mit großen Augen ihre Umgebung. Dort unten bewegt sich etwas, und sie stürzt sich darauf. Die Maus entkommt in eine Erdspalte.

Im Winter

Die Nächte sind im Winter lang und kalt. Darum verbringt die Maus die meiste Zeit in ihrem Nest, aber sie hält keinen Winterschlaf. Von Zeit zu Zeit schlüpft sie ins Freie, um sich zu bewegen oder um etwas zu fressen.
Sie ist nicht allein, auch Hasen und Kaninchen führen ihr gewohntes Leben weiter. Ob sie sich nicht vielleicht wünschen, daß es bald Frühling wird?

Rentiere im hohen Norden

Moos und Flechten

In den Wäldern des hohen Nordens, in denen die Rentiere oder Rene den Winter verbringen, zieht der Frühling ein. Es liegt noch etwas Schnee, aber die Birken haben schon neue Triebe. Die Rentiere haben während der kalten Wintermonate hier Schutz gesucht und sich von Moosen und Rentierflechten ernährt. Mit der Ankunft des Frühlings ist für sie die Zeit gekommen, den Wald zu verlassen und in den weiten Grassteppen ihre Nahrung zu suchen.

Gräser und Blumen

Die Frühlingssonne schmilzt den Schnee und zaubert Farben auf die Wiesen. Der Duft der Gräser und Kräuter dringt bis zum Wald und lockt die Rentiere zu einem saftigen Mahl. Sie müssen nach dem rauhen Winter wieder zu Kräften kommen.

Aber warum zögert das Rentier? Hat es Angst, aus dem Wald zu treten? Nein, es ist nur vorsichtig und sieht sich rechtzeitig vor, denn es könnte in der baumlosen Steppe einen Wolf, seinen Hauptfeind, treffen.

Die Tundra

Nachdem sich das Ren überzeugt hat, daß keine Gefahr droht, tritt es auf die offene Wiese hinaus. Hier braucht es nicht zu fürchten, daß sich sein Geweih in den Zweigen verhakt. Die baumlosen Wiesen in polaren Zonen heißen Kältesteppe oder Tundra. Hier wachsen Flechten, Moose, Gräser und niedrige Sträucher.

Die Rentierherde

Viele kleine Rentierherden bevölkern die Tundra. Rentiere sind gesellig und leben gern in einer großen Gruppe. Bei ihren Wanderungen finden sich sogar Tausende von Tieren zusammen. Wenn sie, mit gesenktem Kopf äsend, langsam vorwärtsgehen, meint man, einen Wald vor sich zu haben. Einen Wald, der sich bewegt und dessen Zweige keine Blätter haben.
Wegen der breit abgespreizten Hufe kommen Rene auch auf sumpfigem Boden gut voran.

Der kleine Lemming

Der Frühling bedeutet für alle Tiere im hohen Norden neues Leben. Der Lemming, eine Art Wühlmaus, hat den Bau verlassen und frißt sich an Knospen und Wurzeln satt. Er hat schon sein weiches, rötliches Sommerfell. Bis vor kurzem war die Fellfarbe des Lemmings weiß, so daß er im Schnee gut getarnt war.

Ein scheues kleines Ren

Ende Frühling sucht die Renkuh ein ruhiges Plätzchen im Schutz der Bäume, um ihr Kind zur Welt zu bringen. Das Neugeborene steht schon eine Stunde nach der Geburt sicher auf den Beinen und folgt der Mutter. Es wird von ihr zärtlich betreut. Sie läßt es nur für kurze Zeit allein, um ihren Hunger zu stillen.
Während seine Mutter fort ist, wagt das Renkalb kaum, sich zu bewegen. Kein gefährliches Geräusch ist im Wald zu hören und stört seine Ruhe. Das Kleine schläft friedlich.

Mutter Ren

Wagt sich ein feindliches Tier, oder auch ein neugieriges, in die Nähe ihres Jungen, dann zögert Mutter Ren nicht, den Kopf mit dem Geweih zu senken und auf den Zudringling loszugehen.

Wenn es nötig wird, entschlossener vorzugehen, stößt sie mit den Vorderbeinen zu. So beschützt, kann das Renjunge ruhig schlafen.

Lauf, Kleines!

Das kleine Ren trinkt die nahrhafte Milch seiner Mutter und wächst schnell. Schon nach einem Monat kann es allein äsen und lebt in der Herde. Es folgt seiner Mutter auf dem Fuß und entdeckt den See, die Blumen und Hügel. Der Wald ist nicht weit und bietet Schutz, wenn es heißt: „Gefahr! Bringt euch in Sicherheit!"

Der Einzelgänger

Ein altes männliches Ren, ein Bulle, zieht allein durch die Tundra. Die äsende Herde ist weit entfernt. Der Einzelgänger kommt manchmal nahe heran, aber nicht zu sehr, weil er weiß, daß er weggejagt wird. Der alte Bulle ist nicht mehr kräftig genug, um es mit den jungen aufzunehmen. Er wird seine letzten Tage äsend durch die Wiesen ziehen, bis er einen ruhigen Platz findet, um dort für immer einzuschlafen.

Der Auerhahn

Im Frühling hört man im Wald seltsame wetzende, klickende Laute – der typische Balzruf des Auerhahns. Er singt von morgens bis abends in den Bäumen oder auf dem Boden, um die Hennen anzulocken. Dabei stellt er die schwarzen Schwanzfedern fächerförmig auf und reckt den Kopf.

Die Schnee-Eule

Das junge Ren bleibt plötzlich stehen. Oben in den Zweigen der Tanne ist ein Geräusch zu hören. Es ist eine Schnee-Eule, die auf einem Zweig hockt. Das Renkalb läuft erschrocken zu seiner Mutter. Sie aber äst in aller Ruhe. Dann versteht das Junge, daß von der Eule keine Gefahr droht.

Am See

Im Frühling kommen viele Vögel an den See. Enten, Gänse und Schwäne suchen im und am Wasser Futter. Die Gänse picken im Gras. Die Schwäne und Enten tauchen auf den Grund und suchen dort etwas zu fressen. Sie kümmern sich nicht um die Rentiere, die hier Wasser trinken.

Die Nachzügler

Die Vögel an diesem See haben bereits die Nester gebaut, in die sie Eier legen werden. Da kommt noch ein verspäteter Schwarm Enten an. Ihre Schreie beunruhigen die Vögel. Jeder fürchtet um sein Nest und ist bereit, es zu verteidigen. Aber es kommt nicht dazu: Die Tundra ist voller Seen und hat für alle Platz.

Gute Schwimmer

Genau wie ihre Verwandten, die Hirsche, können auch Rene gut schwimmen. Sie sind kräftig und zögern nicht, in einen Fluß zu steigen, um ans andere Ufer zu schwimmen. Aber bevor sie ins Wasser tauchen, suchen sie eine geeignete Stelle aus, um leicht und ohne zu rutschen, wieder herauskommen zu können.

Der Polarfuchs

Der Eisfuchs oder Polarfuchs hat ein dichteres Fell, kürzere Beine und kleinere Ohren als der gewöhnliche Rotfuchs.
Aber wie seine „Brüder“ ist er ein leidenschaftlicher Jäger, vor allem wenn hungrige Füchslein im Bau auf Futter warten.

Mit seinen kleinen Ohren hat der Lemming den Fuchs gehört und sich in Sicherheit gebracht. Er weiß, daß er sich nur durch Flucht retten kann.

Ein Feind in Sicht

Das Renkalb schreit erschrocken „av-av-av“ und drückt sich an seine Mutter. Der Wind hat einen Geruch hergeweht, den es noch nicht kennt.

Auch die Renkuh ist beunruhigt: Sie hört Schritte und beginnt zu wittern. Als in der Ferne eine Bärin mit ihren Jungen auftaucht, schreit die Renkuh warnend. Aber die Bärin läßt sich nicht aus der Ruhe bringen, sie geht ihren geraden Weg weiter.

Zwei Bärenjungen

Auch die Bärenmutter ist auf der Hut. Sie stellt sich kurz schützend vor ihre Jungen, dann aber setzt sie ihren Weg fort. Sie weiß, daß Rene für junge Bären keine Gefahr bedeuten. Die Bärin sucht Beeren und Wurzeln und bringt den Jungen bei, was gut zum Fressen ist und was nicht.

Die Wölfe kommen

Die Rentierherde ist in Aufregung. Die Tiere hören auf zu äsen und rücken dicht zusammen. Ein Wolfsrudel ist in der Nähe. Die Rene sind aufs Schlimmste gefaßt. Die Bullen nehmen die äußeren Plätze ein, um den Feinden die Stirn zu bieten. Aber es ist nicht nötig: Die Wölfe wissen, daß es sich nicht lohnt, eine geschlossene Herde anzugreifen.

Die erste Lektion

Das Renjunge hat etwas Lebenswichtiges gelernt: Vor Wölfen muß man sich in acht nehmen! Wenn es größer ist, wird es entdecken, wie gefährlich ein Wolf für ein Ren wird, das sich vom Rudel entfernt hat. Es wird begreifen, daß der Wolf im Vorteil ist, wenn er sein Opfer verfolgen kann. Aber jetzt kümmert sich das Renkalb nicht darum und trottet zufrieden neben seiner Mutter her.

Das Hermelin

Das kleine Hermelin ist voller Energie: Es läuft, klettert auf Bäume und springt ins Wasser. Sein schönes Fell ist im Sommer braun und im Winter ganz weiß, die schwarze Schwanzspitze ausgenommen. Es ist ein sehr erfolgreicher Jäger, das wissen die Hasen und Mäuse gut.

Das Ende des Sommers

Der Sommer geht seinem Ende zu. Die Enten und die Schwäne versammeln sich, um in wärmere Länder zu fliegen. Während des Sommers war das Futter reichhaltig, und die Rentiere haben an Gewicht zugenommen.
Die Renbullen sind erregt, prunken mit ihrem schweren Geweih und tragen untereinander Kämpfe aus. Warum? Weil Paarungszeit ist!

Der Kampf

Der Bulle wittert eine Renkuh. Er sucht sie und hofft, daß sie seine Gefährtin wird. Aber vor Ort stellt er fest, daß schon ein anderes Männchen da ist und ihm mit erhobenem Kopf entgegensieht.
Es kommt zum Kampf. Der Wald erschallt vom dumpfen Klang der Geweihe, die aufeinanderprallen.

Der Sieg des Stärkeren

Schließlich siegt das kräftigere Männchen. Während sich der Besiegte zornig röhrend entfernt, nähert sich der Sieger stolz dem Weibchen, um das er gekämpft hat.
Dieser Bulle hat eine Gefährtin gefunden, mit der er die kalten Monate verbringen wird. Er wird sie beschützen, und sie wird Ende Mai oder Juni ein Junges zur Welt bringen.

Im Birkenwald

Der Herbst malt den Wald rot und gelb. Die Tage werden kürzer. Die Rentiere äsen nicht mehr in der Tundra: Es ist die Zeit gekommen, sich in den Wald zurückzuziehen, um im Schutz der Bäume zu überwintern. Die Tiere sind auf die große Kälte gut vorbereitet: Ihr Fell ist dichter und wärmer geworden.

Der letzte Vogelsang

Im schattigen Wald finden die Rentiere ihre alten Freunde wieder. Der Kiefernkreuzschnabel sucht in den Zweigen eifrig nach reifen Kiefernzapfen, um den eßbaren Samen herauszupicken. Drossel und Laubsänger hüpfen zwitschernd herum und suchen nach Insekten. Ihre letzten Lieder erklingen, sie künden das Ende der schönen Jahreszeit an.

Winter im Wald

Der Herbst ist im hohen Norden von kurzer Dauer. Birken und andere Laubbäume verlieren die Blätter. Nur die Nadeln der Tannen und Kiefern bleiben grün. Der Wald hüllt sich für mehrere Monate in einen weißen Mantel. Die Nächte sind eiskalt und still. Nur das Heulen der hungrigen Wölfe ist zu hören.

Auf Diät gesetzt

Im Winter ist für die Rentiere das Futter knapp, obwohl unter dem Schnee auf Felsen und Baumstämmen Moose und zarte Flechten zu finden sind. Es ist eine eintönige, aber nahrhafte Diätkost, doch Moose und Rentierflechten stellen sowieso die Hauptnahrung der Rentiere dar.

Alles ist weiß

Das Hermelin ist jetzt, bis auf die Schwanzspitze, ganz weiß. Auch für dieses Tier ist der Winter hart.
Die Kälte macht dem kleinen Lemming ebenfalls zu schaffen. Obwohl er durch sein weißes Winterfell gut getarnt wird, ist er vor einem Hermelin, das auf Jagd geht, nicht sicher. Lauf, kleiner Nager, und versteck dich unter der Erde!

Bringt euch in Sicherheit!

Ist das auf einmal ein Durcheinander! Der Lemming verschwindet in seinem Bau unter dem Schnee. Das Hermelin versteckt sich in den Zweigen, und das Ren duckt sich im Schatten der Bäume. Was ist los? Ein Järw oder Vielfraß streift durch den Wald und bringt Unruhe unter die Tiere! Dieser Einzelgänger ist ein gefürchteter Jäger. Wenn er müde ist, gräbt er eine Mulde in den Boden und ruht, bis er wieder zu Kräften kommt. Dann streift er erneut umher.

Alles ist ruhig

Auch im Winter geht das Leben weiter. Das dichte Fell schützt das Renjunge vor Kälte, den Tag über sucht es unter dem Schnee nach Nahrung. Zwischendurch wittert es, um einen nahenden Vielfraß oder Wolf zu entdecken. Den Bären muß es nicht fürchten, denn der schläft.

Ein Stimmungsbild

In seinem weißen Winterkleid gleicht der Wald einem Weihnachtsbild. Es schneit weiter, und für das Renjunge wird es immer schwieriger, unter der dicken, vereisten Schneedecke, etwas Eßbares zu finden. Es gräbt mit seinen Hufen im Schnee und hält von Zeit zu Zeit still, um zu lauschen. Nichts ist zu hören außer jenem dumpfen Geräusch, wenn Schnee von den Zweigen rutscht. Was für ein friedliches Bild!

Inhalt